Inhalt

Güterverkehr auf der Schiene - Eine Problemsparte kommt langsam in Fahrt

Kernthesen

Beitrag

Fallbeispiele

Zahlen und Fakten

Weiterführende Literatur

Impressum

Güterverkehr auf der Schiene - Eine Problemsparte kommt langsam in Fahrt

Autor GENIOS BranchenWissen: M.Klems

Kernthesen

- Railion fährt mit steigendem Auslandsgeschäft und dem Auftrieb durch den Logistikmarkt in die Gewinnzone.
- Private Bahnbetreiber beweisen sich im Markt mit innovativen Logistikkonzepten und hoher Flexibilität.
- Die britischen Güterbahnen dienen als denkbares Modell für die Trennung von Netz und Bahn in Deutschland.
- Der Hafenboom und Deutschland als Transit für den Warenumschlag bieten

Wachstumspotenziale für den Güterverkehr auf der Schiene.

Beitrag

Der rapide ansteigende Güterverkehr in Deutschland als Transitland zu Osteuropa macht den verstärkten Transport über die Schiene zwingend erforderlich. Doch fehlende Kapazitätsreserven und eine überalterte Infrastruktur treffen hier auf die gestiegene Verkehrsmenge. Neue Konzepte sind dringend gefordert.

Der Güterbahnverkehr der Bahn entwickelt sich kurzfristig positiv

Die Zuwächse im Logistikmarkt ziehen auch die Güterbahnen der Deutschen Bahn kurzfristig in den positiven Bereich. Die Bahntochter Railion, Marktführer im Güterbahnbereich mit 90% Marktanteil in Deutschland, meldet einen Gewinn mit rund 15 Millionen Euro nach Zinsen. Zuvor war man noch für 2005 von einem Verlust in der Höhe von 170 Millionen Euro ausgegangen. Für das laufende Jahr geht das Unternehmen jedoch bereits aufgrund von Strafzahlungen wegen Unpünktlichkeit wieder von einem Rutsch in die roten Zahlen aus. Rund 35

Millionen Euro werden vom Unternehmen in Summe für Strafzahlungen angenommen. Weiter zusetzen werden dem Unternehmen und der Güterbahnbranche in den kommenden Jahren die sinkenden Erlöse im Transportgeschäft. Beim Transport von 12-Tonnen Stückgütern unter 450 km ist die Bahnlogistiksparte Stinnes immer noch teurer als der Transport über die Straße. Das Unternehmen steht hier unter einem enormen Sparzwang. Die Kosten sollen in den kommenden 3 Jahren um ein Fünftel gesenkt werden. Der Druck über private Güterbahnanbieter setzt der Bahn ebenfalls zu. Branchenkenner gehen hier von einem Abrutschen der Marktanteile auf bis 77 Prozent im schlimmsten Falle aus. Trotzdem blicken die Güterbahner optimistisch in die Zukunft. Die Öffnung der nationalen Eisenbahnnetze in der EU schafft neue Geschäfte und der Anstieg im grenzübergreifenden Bahnverkehr stieg 2005 auf 60 Prozent. Damit befindet sich die Güterbahnsparte deutlich über dem EU-Durchschnitt der bei 50 Prozent liegt. (4), (7), (8), (12)

Private Bahnbetreiber machen Dampf

Wachstum zeigt der kleinräumige Güterverkehr in

Deutschland. Die aufgegebenen Streckenteile der Deutschen Bahn werden von Privatunternehmen erfolgreich bewirtschaftet. Die Liberalisierung des europäischen Bahngüterverkehrs gestattet Eisenbahnunternehmen die Inbetriebnahme von stillgelegten Strecken. Hier sorgen verschiedene innovative Konzepte für neue Auslastungen. Hierzu zählt eine hohe Flexibilität und die Entwicklung von Gesamtkonzepten in Logistiklösungen im Kundendialog.. So passt sich die Connex Cargo Logistics individuell auf Kundenwünsche an und geht mit den Leistungen bis in die Werke hinein. Dies bedeutet den Aufbau von Werksbahnen und Betreuung von Schienenfahrzeugen. Eine weitere erfolgreiche Strategie ist das Angebot von Ganzzügen und die Möglichkeit diese mit Wagengruppen einzelner Kunden zu ergänzen. Jedoch stößt das Privatbahnkonzept geographisch noch an seine Grenzen. Länder wie die Schweiz haben die Betreuung des Schienennetzes an einen Systemanbieter vergeben. Hier ist eine Koexistenz zwischen der Schweizer SBB und anderen Unternehmen nicht möglich. (1), (14)

Die Briten setzen auf die Schiene Vorzeigemodell für Deutschland?

In Großbritannien setzen Logistiker wieder verstärkt auf die Schiene. Rund ein Drittel aller Transporte aus den Seehäfen wickelte der britische Logistiker Maersk über die Bahn ab. Dabei hatte das britische Bahnsystem einen denkbar schlechten Start, als es den Schritt in die Privatisierung tätigte. Die Bahn galt als unpünktlich und technisch rückständig. Das historische Defizit mit einem maroden Schienennetz basierte in Großbritannien auf der Annahme der Regierung, dass die Bahn ein aussterbendes Transportmittel sei. Diese Einstellung änderte sich. Zur Zeit fließen dem Bahnnetzbetreiber Network Rail 6,6 Milliarden Euro Regierungsmittel zu. Im Vergleich erheblich mehr als die Deutsche Bahn mit 3,5 Milliarden Euro an Bundesmitteln erhält. Die Bemühungen zeigen Wirkung. Der Schienengüterverkehr ist seit 1994 um 60% angestiegen und hat den Transport per LKW ausgestochen. Geographisch müssen die Briten sich beim Wachstum auf die Inlandstransporte verlassen. Auf der britischen Insel fehlt der Transitverkehr, der alleine in Deutschland zu einem intensiven Wettbewerb mit 180 Marktteilnehmern führt. Den britischen Markt teilen sich vier Anbieter. Den stärksten Marktanteil hält der Nachfolger der British Rail, die English Welsh & Scottish Railways (RWS) mit 66%. Der Rest entfällt auf die neu entstandenen Unternehmen nach Bahnreform: Freightliner, GB Railfreight und Direct Rail Services. Der Markt ist in

Bewegung, da weitere Unternehmen wie die französische SNCF auf der britischen Insel tätig werden wollen. Das britische Modell wird in Deutschland interessiert betrachtet, da hier weltweit einzigartig der Transportbetrieb vollständig vom Schienennetz getrennt und dann privatisiert wurde. Diese Option ist auch für die Deutsche Bahn in der Diskussion. (2)

Die Franzosen liberalisieren den Bahnsektor

Der bislang total abgeschottete französische Güterbahnmarkt öffnet sich. Seit Anfang April können nun auch ausländische Güterzüge auf dem französischen Netz verkehren. Erste Unternehmen wie die deutsche Rail4chem haben bereits einen kleinen und bescheidenen Einstieg in diesen Markt geschafft. Der Aufwand für die Markteindringung in Frankreich ist hoch. Die Beantragung des französischen Sicherheitszertifikats als notwendige Bedingung für eine Betriebserlaubnis stellt sich als wahre Hürde dar. (5)

Hafenboom als Chance für den Güterbahnverkehr

Der rapide ansteigende Güterverkehr in Deutschland als Transitland zu Osteuropa macht den Transport über die Schiene von Gütern zwingend erforderlich. Von 1997 bis 2015 wird mit einem Zuwachs von 64% gerechnet. Dieser Zuwachs soll politisch gefordert über die Schiene abgewickelt werden. Diese Zuwächse in den Gütermengen kommen nicht von ungefähr. Der Umschlag von Fracht an den deutschen Seehäfen wächst kontinuierlich. Diese Zunahme erfordert erhöhte Kapazitäten bei den Hafenbetreibern aber auch im Hinterlandverkehr. Die gestiegenen Kosten und geringer werdende Flächen in den Häfen führen zu einer Ausfuhr der Waren in das Binnenland zur dortigen Verarbeitung. Branchenkenner gehen hier von einem Volumenanstieg von 10% pro Jahr aus. Die Verkehrsanbindung in das Hinterland erweist sich hier als Flaschenhals für den Güterverkehr. Der Transport über die Straße verliert aufgrund der Staus, hohen Mautkosten und Emissionsvorschriften immer stärker an Attraktivität. Die Chance für den Güterbahnverkehr. Doch fehlende Kapazitätsreserven und eine überalterte Infrastruktur treffen hier auf gestiegene Verkehrsmenge. Hemmschuh sind dabei die Knotenpunkte in Hamburg Harburg und Bremen hinter den Seehäfen. Eine Kapazitätserweiterung mittels Reaktivierung einer nicht genutzten Strecke zwischen Nordwestdeutschland und dem Ruhrgebiet als reine Güterstrecke wird derzeit geprüft. Zur weiteren Kapazitätssteigerung beim Transport ist der Einsatz zweistöckiger Containerzüge in der Überlegung. Besonders deutlich werden die hausgemachten Probleme des Bahnsektors in einer Studie, die den Anstieg beim Bahnverkehr bei einer LKW Mauterhöhung untersucht hat. Bei einer Erhöhung der Maut um einen Euro pro LKW-Kilometer würden sich nur 1,22% des Verkehrs auf die Schiene verteilen. Durch einen Qualitätsanstieg wären aber 4,1% möglich. Die Bahnen sind zukünftig gefordert Investitionen in Schienennetze und Qualitätssteigerungen zu tätigen, um auf die Anforderungen angemessen reagieren zu können. (8), (10), (11)

Fallbeispiele

Schiene hat für Berentzen Priorität

Für die innerbetriebliche Logistik setzt der Spirituosenhersteller verstärkt auf den Schienenverkehr. Aufgrund der steigenden Benzin- und Mautkosten wird die Güterbahn eingesetzt. Dem Unternehmen steht die Nosta-Gruppe als Logistikdienstleister zur Seite. Ein Shuttle als Güterbahn wird zwischen dem Zentrallager und der Produktion eingesetzt. Die Bahn pendelt zwischen Stadthagen und Minden.

Deutsche Post transportiert verstärkt wieder über die Schiene

Der Transport von Paketen soll zukünftig wieder verstärkt über die Schiene durchgeführt werden. Nachdem der Postkonzern die letzten Jahre den Transport von Paketen via Güterbahn aufgegeben und auf Flugverbindungen umgestiegen war, sollen nun schnelle Güterzüge den Transport übernehmen. Die geringe Geschwindigkeit der Güterbahn war bislang ein Hinderungsgrund für DHL. Dies soll sich nun mit dem Einsatz von ICE-Verbindungen ändern. Die Bahn will ausgemusterte ICE-Wagen in Güterwagen umrüsten, in denen Aluminium-Behälter wie im Flugzeugtransport eingesetzt werden können. Zum Einsatz sollen die Ladungen in den Nachtstunden kommen, hier sind die Bahnstrecken frei vom Personenverkehr. Eine erste Verbindung soll mit Hamburg - Leipzig entstehen. Weitere Strecken, etwa Frankfurt - Leipzig, sollen folgen.

DB interessiert sich für den estnischen Markt

Die Deutsche Bahn ist offenbar an der Übernahme der estnischen Bahn interessiert. Mit im Bieterwettbewerb steht eine russische Investorengruppe. Das Übernahmevolumen des Zwei-Drittel-Anteils von Eesti Raudtee beträgt 150 170 Millionen Euro. (3)

Air France peilt den Schienenverkehr an

Die Fluggesellschaft Air-France-KLM kann sich vorstellen in Frankreich Hochgeschwindigkeitszüge zu betreiben. Das Unternehmen sieht in diesem Transport nüchtern ein Flugzeug auf Schienen. Bereits ab 2012 oder 2014 stellt sich das Unternehmen eine Verbindung vom Pariser Flughafen Roissy-Charles de Gaulles nach Angers, Tours oder Vendome vor. Den ehrgeizigen Plänen steht noch die Liberalisierung des französischen Bahnverkehrs bevor.

Noch hält die Eisenbahngesellschaft SNCF mit dem TGV große Marktanteile. Es ist davon auszugehen, dass Air France die Züge im Leasing betreiben wird. (9)

Sibelit der Zusammenschluss von vier Güterbahnen

B Cargo (Belgien), SNCF Fret (Frankreich), CFL (Luxemburg) und SBB Cargo haben die Sibelit (Societe pour l´itineraire Benelux, Lorraine, Italie SA) gegründet. Der Zusammenschluss soll die Qualität im Schienengüterverkehr auf der Nord-Süd-Achse von Antwerpen bis Basel verbessern. Die Gesellschaft mit Sitz in Luxemburg will Marktanteile in Frankreich zurückgewinnen und preisgünstige Verbindungen anbieten. (13)

SBB Cargo bleibt trotz Verlust in 2006 weiter auf Kurs

Der Güterbereich SBB Cargo der Schweizer Bundesbahnen legte für 2005 trotz angestrebter schwarzer Null 165,7 Millionen Franken Verlust vor.

Das Unternehmen sieht sich trotz der Zahlen weiterhin auf Kurs. Der internationale Transportanteil beispielsweise in Deutschland steigt kontinuierlich und die Pünktlichkeitszahlen des Güterbahnverkehrs stimmen das Unternehmen positiv. In die Gewinnschwelle will das Unternehmen 2007 konzentriert über den Schienenverkehr fahren. Engagements in anderen Logistikbereichen außerhalb der Schiene strebt das Unternehmen nicht an. (6)

Zahlen & Fakten

Beschäftigte in der Bahnindustrie 1997-2005 nach Anzahl in Tausend

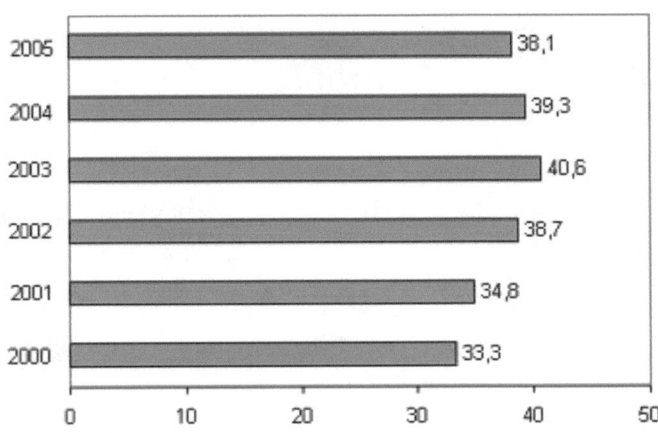

Quelle: Verband der deutschen Bahnindustrie (VDB),

SCI Verkehr

Entnommen aus: Frankfurter Allgemeine Zeitung, 25.02.2006, S. 32

Investitionen in der deutschen Bahnindustrie 1999-2004 in Milliarden Euro

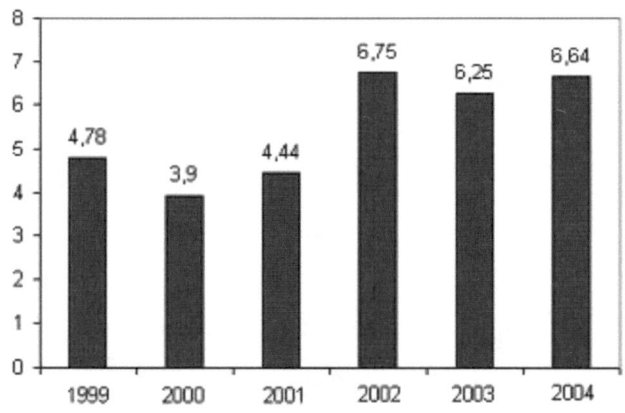

Quelle: Verband der deutschen Bahnindustrie (VDB), SCI Verkehr

Entnommen aus: Frankfurter Allgemeine Zeitung, 25.02.2006, S. 32

Weiterführende Literatur

(1) Renaissance des kleinräumigen Güterverkehrs auf Schienen Wie junge Güterbahnen in Deutschland Brachland gewordene Felder neu bestellen
aus Neue Zürcher Zeitung, 08.03.2006, Nr. 56, S. 15

(2) Britische Güterbahn verführt Kunden Konzerne bevorzugen zunehmend Transport auf der Schiene · Zuverlässigkeit des Schienentransports besser als ihr Ruf
aus Financial Times Deutschland vom 07.03.2006, Seite 7

(3) DB interessiert in kürze ESTNISCHE GÜTERBAHN
aus taz, 06.03.2006, S. 8

(4) Railion DB-Güterbahn überfährt Gewinnschwelle
aus Frankfurter Rundschau v. 11.01.2006, S.9, Ausgabe: S Stadt

(5) Bahn: Kleine Revolution
aus DIE ZEIT Nr. 15

(6) Präsenz in Italien als Nische Geschäftsführer Daniel Nordmann zur Zukunft von SBB Cargo
aus Neue Zürcher Zeitung, 04.04.2006, Nr. 79, S. 13

(7) Bahn gibt sich optimistisch
aus Handelsblatt Nr. 065 vom 31.03.06 Seite 15

(8) O.V., Bahn kommt im Güterverkehr voran, WirtschaftsWoche online vom 20060110, 16:45:00
aus Handelsblatt Nr. 065 vom 31.03.06 Seite 15

(9) Air France will auf die Schiene
aus Frankfurter Allgemeine Zeitung, 28.03.2006, Nr. 74, S. 16

(10) Mehr Maut hilft Schiene nicht
aus taz, 18.03.2006, S. 9

(11) Hafenboom stößt im Hinterland an Grenzen
Deutsche Seehäfen verbuchen fünf Prozent Wachstum · Weitertransport auf der Straße und per Schiene wird zum Engpass
aus Financial Times Deutschland vom 29.03.2006, Seite 3

(12) Weniger Güter auf Straße und Schiene
aus MOTOR-INFORMATIONS-DIENST vom 17. Januar 2006

(13) O.V., Vier Güterbahnen gründen Sibelit, DVZ, Nr. 041, 06.04.2006
aus MOTOR-INFORMATIONS-DIENST vom 17. Januar 2006

(14) Privatbahnen machen Dampf
aus VerkehrsRundschauRundschau, Heft 11/2006, S. 22-24

Impressum

Güterverkehr auf der Schiene - Eine Problemsparte kommt langsam in Fahrt

Bibliografische Information der deutschen Nationalbibliothek

Die Deutsche Nationalbibliothek verzeichnet diese Publikation in der deutschen Nationalbibliografie; detaillierte bibliografische Daten sind im Internet über http://dnb.d-nb.de abrufbar.

ISBN: 978-3-7379-3025-3

© 2015 GBI-Genios Deutsche Wirtschaftsdatenbank GmbH, Freischützstraße 96, 81927 München, www.genios.de

Alle Rechte vorbehalten. Dieses Werk ist einschließlich aller seiner Teile – z.B. Texte, Tabellen und Grafiken - urheberrechtlich geschützt. Jede Verwertung außerhalb der Grenzen des Urheberrechtsgesetzes bedarf der vorherigen Zustimmung des Verlags. Dies gilt insbesondere auch für auszugsweise Nachdrucke, fotomechanische

Vervielfältigungen (Fotokopie/Mikroskopie), Übersetzungen, Auswertungen durch Datenbanken oder ähnliche Einrichtungen und die Einspeicherung und Verarbeitung in elektronischen Systemen.